I0391004

SIXTEEEN GREEK FOLK SONGS

SONGS

with their English translation

Bernard MORIN
2015

First Printing: 2015

ISBN 978-1-326-22385-4

Bernard MORIN
Rachi
LEROS 85400 Greece

bernymorin@me.com

Contents

Acknowledgements

I would like to thank my friend Antonis Dallaris, a wonderful Greek folk singer, who helped me choose the songs.

My thanks also go to his lovely wife Roula who explained a few tricky passages and to Gary Vinson who kindly reviewed the English part of the book. Their advice was a precious help.

Preface

The idea of this book was given to me by some friends who regularly come to Greece and enjoy having dinner in restaurants with "live music". As they spend quite a long time in the country every year, they are not unfamiliar with the language. Several of them have quite a good grasp of it but are nevertheless at a loss to get the full meaning of the songs they have come to like and are often able to hum.

This book was written primarily for them and generally for all those who have ever been baffled by the lyrics of Greek folk songs. Of course one can find translations on the web but they are of inequal quality and, most of all, not always easily accessible when needed.

As I had in mind readers with some knowledge of the language, the main object of my translations was to help Greek-speaking foreigners understand the Greek lines on the opposite page. I have, of course, been more than once obliged to depart from the literal phrasing or to change the order of the words. But I have attempted to keep as close as possible to the Greek text, resisting the sweet temptation of writing my own "poetical" version.

I have used a few footnotes to make some tricky passages easier to understand or to put the songs in their historical context when I had an opportunity to do so.

I hope this modest attempt to make 16 of the most popular Greek folk songs intelligible to all, will help the foreign visitor enjoy them even more.

Αγάπη που ΄γινες[1] δίκοπο μαχαίρι

Στίχοι: *Μιχάλης Κακογιάννης*
Μουσική: *Μάνος Χατζιδάκις*

Αγάπη που ΄γινες δίκοπο μαχαίρι,
κάποτε μου ΄δινες μόνο τη χαρά.
Μα τώρα πνίγεις τη χαρά στο δάκρυ.
Δε βρίσκω άκρη, δε βρίσκω γιατρειά.
Μα τώρα πνίγεις τη χαρά στο δάκρυ.
Δε βρίσκω άκρη, δε βρίσκω γιατρειά.

Φωτιές ανάβουνε μες τα δυο του μάτια,
Τ΄αστέρια πέφτουνε[2] όταν με θωρεί.
Σβήστε τα φώτα, σβήστε το φεγγάρι
σα θα με πάρει τον πόνο μου μη δει.
Σβήστε τα φώτα, σβήστε το φεγγάρι
σα θα με πάρει τον πόνο μου μη δει.

---

[1] '***γινες*** = έγινε. *In songs, like in spoken language, adjacent vowels are often omitted (cf below:* '***δινες*** *for* έδινες *and* Τ' *for* Τα)
[2] *In some versions,* πέφτουνε *is replaced by* σβήνουνε, *which makes the meaning more obvious*

Love you've become a double-edged knife [3]

Lyrics: Michalis Kakoyiannis
Music: Manos Hatzidakis

Love you've become a double-edged knife,
when once you gave me only joy.
But now you drown the joy in tears.
I can't understand, I can't find a cure.
But now you drown joy in tears.
I can't understand, I can't find a cure.

Fires light up in his two eyes.
The stars go out when he looks at me.
Switch off the lights, switch off the moon
that he might not see my pain when it
                              overcomes me.
Switch off the lights, switch off the moon
that he might not see my pain when it
                              overcomes me.

---

[3] *The song was first performed by Melina Mercouri in Kakoyiannis's film Stella (1955) which launched her career.*

Ανάθεμά σε

Στίχοι & Μουσική: Παντελής Θαλασσινός

Σ΄έχω[4] ώρες-ώρες, μα το θεό,
τόσο πολύ ανάγκη
που τρέχουν απ΄ τα μάτια μου
 θάλασσες και πελάγη.

Στείλε ένα γράμμα, μια συλλαβή
αν έχεις το Θεό σου,
που κρέμομαι απ΄ τα χείλη σου
κι είμαι στο έλεος σου.

Ανάθεμά σε, δε με λυπάσαι
που καίγομαι και λιώνω
που μ΄έκανες και σ΄αγαπώ
και τώρα μαραζώνω.

Κλειδώθηκαν οι σκέψεις μου
μες στου μυαλού τα υπόγεια.
Αχ πόσα θέλω να σου πω
και δεν υπάρχουν λόγια.

Ανάθεμα σε, δε με λυπάσαι …

---

[4] *More elisions:* Σ΄ έχω = Σε έχω, απ' =από, μ'έκανες = με έκανες *etc.*

Damn you

Lyrics & Music: Pandelis Thalassinos

At times, God knows,
I need you so much
that seas and oceans
flow out of my eyes.

Send a letter, one syllable,
if you still respect something,[5]
as I am hanging upon your every word,
as I am at your mercy.

Be cursed, you don't pity me
as I am burning and pining,
as you made me love you
and I am now withering.

My thoughts have been locked
in the cellars of my brain.
Ah, how many things I want to tell you
but the words don't exist.

Be cursed, you don't pity me…

---

[5] *I have chosen this translation rather than the more literal one* if you have a God *(or* if you believe in God*), as the phrase* Δεν έχει τον Θέο του! *is commonly used to mean* he has no respect for anything.

Άρνηση

Στίχοι: Γιώργος Σεφέρης
Μουσική: Μίκης Θεοδωράκης

Στο περιγιάλι το κρυφό
κι άσπρο σαν περιστέρι
διψάσαμε το μεσημέ---ρι·
μα το νερό γλυφό.

Πάνω στην άμμο την ξανθή
γράψαμε τ΄όνομά της·
ωραία που φύσηξε ο μπάτης
και σβήστηκε η γραφή.

Με τι καρδιά, με τι πνοή,
τι πόθους και τι πάθος,
πήραμε τη ζωή μας· λάθος!
Κι αλλάξαμε ζωή.

Denial

Lyrics: Yorgos Seferis [6]
Music: Mikis Theodorakis

On the secret shore,
as white as a dove,
we were thirsty at noon;
but the water was brackish.

On the blond sand
we wrote her name;
But the sea breeze blew
And our writing was erased.

With what heart, what spirit,
what yearnings and what passion,
we lived our life; a mistake !
And we changed life.

---

[6] Denial *was published in 1931 by Nobel Prize George Serefis in his first collection of poems. It was later set to music by Mikis Theodorakis. After Serefis publicly opposed the dictatorship (1967-74), many of his works were banned.* Denial *became the anthem of resistance to the military regime and was sung by the enormous crowds that followed his funeral in 1971.*

Βάρκα στο γιαλό

Στίχοι & Μουσική: Μίκης Θεοδωράκης

Πέντε-πέντε δέκα,
δέκα δέκα ανεβαίνω τα σκαλιά
για τα δυο σου μάτια,
για τις δυο φώτιες
που όταν με κοιτάζουν
νιώθω μαχαιριές.

Βάρκα στο γιαλό,
βάρκα στο γιαλό,
γλάστρα με ζουμπούλι
και βασιλικό.

Πέντε-πέντε δέκα,
δέκα-δέκα θα σου δίνω τα φιλιά
κι όταν σε μεθύσω
κι όταν θα σε πιω
θα σε νανουρίσω
με γλυκό σκοπό.

(συνεχίζεται)

Boat on the shore

Lyrics & Music: Mikis Theodorakis

Five at a time,
ten at a time I go up the steps
for your two eyes,
for the two fires
that feel like stabs
when you watch me.

Boat on the shore
boat on the shore,
a pot with hyacinth
and basil.

Five at a time,
ten at a time I'll give you kisses
and when I get you drunk,
when I eat you up
I'll lull you to sleep
with a sweet tune.

(following next page)

Βάρκα στο γιαλό,
βάρκα στο γιαλό,
γλάστρα με ζουμπούλι
και βασιλικό.

Πέντε-πέντε δέκα,
δέκα-δέκα κατεβαίνω τα σκαλιά,
φεύγω για τα ξένα,
για τη ξενιτιά
και μην κλαις για μένα,
αγάπη μου γλυκιά.

Βάρκα στο γιαλό,
βάρκα στο γιαλό,
γλάστρα με ζουμπούλι
και βασιλικό.

Boat on the shore
boat on the shore,
a pot with hyacinth
and basil.

Five at a time,
ten at a time I go down the steps
I'm going abroad,
I'm leaving the country
And don't cry for me,
my sweet love.

Boat on the shore
boat on the shore,
a pot with hyacinth
and basil.

Ζήλια μου

Στίχοι: Μανώλης Ρασούλης
Μουσική: Χρήστος Νικολόπουλος

Όταν παίρνω φόρα, φόρα κατηφόρα
κι ο Θεός ο ίδιος δε με σταματά.
Έλειψες μιαν ώρα κι έχει πέσει τώρα
έκλειψη ηλίου και μια σκοτεινιά.
Όταν παίρνω φόρα, φόρα κατηφόρα
κι ο Θεός ο ίδιος δε με σταματά.

Ζήλια μου, ζήλια μου
με σένα η καρδιά μου είναι ζωντανή.
Μίλα μου, μίλα μου
μα φύγε όταν έρθει εκείνος να με βρει.
Ζήλια μου, ζήλια μου
σαν την αγάπη είσαι τόσο δυνατή.
Μίλα μου, μίλα μου
μα φύγε όταν έρθει εκείνος να με βρει.

Ψέματα σου λέω και κρυφά σου κλαίω
από αγάπη, ζήλια και εγωισμό.
Κι όταν είμαι ψεύτρα κι άλλο τόσο φταίχτρα
πάλι από τη ζήλια θα υποκριθώ.
Ψέματα σου λέω και κρυφά σου κλαίω
από αγάπη, ζήλια και εγωισμό.

Ζήλια μου, ζήλια μου…

My jealousy

Lyrics: Manolis Rasoulis
Music: Christos Nikolopoulos

When I hurl myself on the downward path,
(Even) God himself doesn't stop me.
You've been away one hour, the sun
has disappeared and all is in darkness.
When I hurl myself on the downward path,
(Even) God himself doesn't stop me.

My jealousy, my jealousy
with you my heart is alive.
Talk to me, talk to me
but leave when he comes to find me.
My jealousy, my jealousy
you are as strong as love.
Talk to me, talk to me
but leave when he comes to find me.

I tell you lies and cry secretly
out of love, jealousy and selfishness.
And when I am a liar and even more at fault
out of jealousy I'll pretend again.
I tell you lies and cry secretly
out of love, jealousy and selfishness.

My jealousy, my jealousy…

Θέλω κοντά σου να μείνω

Στίχοι: Γιώργος Γιαννακόπουλος
Μουσική: Γιώργος Μουζάκης

Δεν ζω χωρίς εσένα ούτε λεπτό.
Αγάπη μου, της μοίρας ήταν γραφτό.

Θέλω κοντά σου να μείνω
Θέλω σκιά σου να γίνω
κάθε πληγή ν΄απαλύνω
που σε πονά,
τα βλέφαρά μου να κλείνω,
να με φιλάς
και να σβήνω.
Θέλω κοντά σου να μείνω
Παντοτινά.

Σε νιώθω, σε λατρεύω
και σε ποθώ
κι αν κάποτε σε χάσω
Θα τρελαθώ.

Θέλω κοντά σου να μείνω...

I want to stay beside you

Lyrics: George Giannakopoulos
Music: George Mouzakis

I can't live without you but a minute.
My love, it was decreed by fate.

I want to stay beside you,
I want to become your shadow
to alleviate each wound
that hurts you,
to close my eyelids,
and when you kiss me
to pass out.
I want to stay near you
for ever.

I understand you, I adore you
and desire you.
And if I ever lose you,
I'll go mad.

I want to stay beside you...

Μάτια βουρκωμένα[7]

Στίχοι: Νίκος Γκάτσος
Μουσική: Σταύρος Ξαρχάκος

Κάτω στον Πειραιά,
στα Καμίνια,
φτώχεια, καλή καρδιά,
μα και γκρίνια.
Μάζεψα μια βραδιά
τα σαΐνια
Κι ήρθα ξανά
τον παλιό μου καημό
να σου πω

Μάτια βουρκωμένα,
Παραπονεμένα,
δίχως αγάπη και πόνο
κανένας δε ζει.
Μάτια βουρκωμένα,
πάρτε με και μένα.
Πάρτε με τώρα να πάμε
στον κόσμο μαζί.
(συνεχίζεται)

---

[7] *The song dates back to 1966 and George Skalenakis's film* Διπλοπενιές. *It was performed by Dimitris Papamikhail acting the part of a building painter noticed by three musicians as he was singing on a scaffold.*

Eyes full of tears

Lyrics: Nikos Gatsos
Music: Stavros Xarkhakos

Down in Piraeus,
in Kaminia[8],
(a place of) poverty, good heart
but grumble too,
one night I gathered
the guys[9]
and came again
to tell you
my long-standing sorrow.

Eyes full of tears
and complaint,
without love and pain
nobody lives.
Eyes full of tears,
take me too,
take me now to go
to the world with you.

(following next page)

---

[8] Kaminia *is a district of Piraeus*
[9] *Literally* "the hawks"

Κάτω στον Πειραιά,
στο Μουράγιο
είπα να σκοτωθώ,
μα τον άγιο.
Μα έκανα υπομονή
και κουράγιο.
Κι ήρθα κρυφά
τον παλιό μου καημό
να σου πω.

Μάτια βουρκωμένα,
παραπονεμένα
δίχως αγάπη και πόνο
κανένας δε ζει.
Μάτια βουρκωμένα,
πάρτε με και μένα.
Πάρτε με τώρα να πάμε
στον κόσμο μαζί.

Down in Piraeus,
on the Pier,
I thought of killing myself,
I swear.
But I plucked up patience
and courage.
And I came secretly
to tell you
my long-standing sorrow.

Eyes full of tears
and complaint,
without love and pain
nobody lives.
Eyes full of tears,
take me too.
Take me now to go
to the world with you.

Μη μου θυμώνεις μάτια μου.

Στίχοι / Μουσική: Σταύρος Κουγιουμτζής

Μη μου θυμώνεις, μάτια μου,-
που φεύγω για τα ξένα.
Πουλί θα γίνω
και θα 'ρθω[10] πάλι κοντά σε σένα.

Ανοιξ' το παραθύρι σου,
ξανθέ βασιλικέ μου,
και με γλυκό χαμόγελο
μια κα--ληνύχτα πες μου.

Μη μου θυμώνεις, μάτια μου,
τώρα που θα σ'αφήσω.
Κι έλα για λίγο να σε δω,
να σ'αποχαιρετήσω.

Ανοιξ' το παραθύρι σου,
ξανθέ βασιλικέ μου,
και με γλυκό χαμόγελο
μια κα--ληνύχτα πες μου.

---

[10] θα 'ρθω = θα έρθω

Don't be angry with me sweetheart.[11]

Lyrics / Music: Stavros Kouyoumtzis

Don't be angry with me, sweetheart,
because I'm going abroad.[12]
I'll become a bird
and will come back near you.

Open your window,
my fair princess,[13]
and with a sweet smile
bid me good night.

Don't be angry with me, sweetheart,
now that I'm leaving you.
And come that I might see you for a while
to say goodbye.

Open your window ...

---

[11] Μάτια μου (my eyes) *is a phrase of tenderness commonly used to address a sweetheart. .*

[12] Don't be angry...*is one of those songs combining the themes of love and emigration at a time (postwar years) when many Greek had to leave the country to get work and a better life.*

[13] βασιλικός is *the aromatic plant we call basil. It is also an adjective referring to royalty (< βασιλιάς, king). It is non uncommon, in Greek poetry, to associate the beloved with the "royal" plant*

Μίλησέ μου

Στίχοι: Νίκος Γκάτσος
Μουσική: Μάνος Χατζιδάκις

Άνοιξα στον κήπο μου πηγάδι,
να ποτίζω τα πουλιά,
να 'ρχεσαι[14] και 'συ πρωί και βράδυ
σα μικρή δροσοσταλιά.
Ήρθες μια βραδιά με τον αγέρα
κι αναστέναξ' η καρδιά.
Σου 'πα με λαχτάρα καλησπέρα
και μου είπες έχε γεια.

Μίλησέ μου, μίλησέ μου,
δε σε φίλησα ποτέ μου.
Μίλησέ μου, μίλησέ μου,
πώς να σε ξεχάσω, Θεέ μου.
Μίλησέ μου, μίλησέ μου,
δε σε φίλησα ποτέ μου.
Μίλησέ μου, μίλησέ μου,
μόνο στ' όνειρό μου σε φιλώ.

(συνεχίζεται)

---

[14] να 'ρχεσαι = να έρχεσαι

Talk to me

Lyrics: Nikos Gatsos
Music: Manos Hatzitdakis

In my garden I opened a well
to water the birds,
also for you to come morning and night
like a little dewdrop.
You came one night with the wind
and my heart sighed.
I longingly said goodnight to you
and you bade me farewell.

Talk to me, talk to me,
I never kissed you.
Talk to me, talk to me,
oh God, how shall I (ever) forget you.
Talk to me, talk to me,
I never kissed you
Talk to me, talk to me,
I only kiss you in my dreams.

(following next page)

Φύτεψα στην πόρτα σου χορτάρι,
να 'χεις[15] ίσκιο και δροσιά,
κι ήρθα πριν αλλάξει το φεγγάρι
να σου φέρω ζεστασιά.
Σ' έβγαλα στου ήλιου τ' ανηφόρι[16]
στα σοκάκια τα πλατιά,
μα ήρθε παγωνιά και ξεροβόρι
και δε μ' άναψες φωτιά.

Μίλησέ μου, μίλησέ μου,
δε σε φίλησα ποτέ μου.
Μίλησέ μου, μίλησέ μου,
πώς να σε ξεχάσω, Θεέ μου.[17]
Μίλησέ μου, μίλησέ μου,
δε σε φίλησα ποτέ μου.
Μίλησέ μου, μίλησέ μου,
μόνο στ' όνειρό μου σε φιλώ.

---

[15] να 'χεις = να έχεις
[16] = Σε έβαλα στο ανηφόρι του ήλιου...
[17] *In some versions* πε(ς) μου *replaces* Θεέ μου

I planted grass at your doorstep
for you to have shade and cool,
and I came before the moon changed
to bring you warmth.
At sunrise I took you out
to the wide alleys,
but frost and north wind came
and you don't inflame me [18] (any more).

Talk to me, talk to me,
I never kissed you.
Talk to me, talk to me,
oh God, how shall I (ever) forget you.
Talk to me, talk to me,
I never kissed you
Talk to me, talk to me,
I only kiss you in my dreams.

---

[18] Ανάβω φώτια *is simply* light a fire *but* ανάβω φώτια σε κάποιον *means* excite, arouse his / her desire.

Μόνο μια φορά

Στίχοι & Μουσική: Σταμάτης Κραουνάκης

Μόνο μια φορά,
κρίμα στη χαρά.
Κάπου κοιταχτήκαμε,
μετά ερωτευτήκαμε
κι ύστερα βρεθήκαμε
άλλη μια φορά.
Πρώτη μου φορά
σε θολά νερά.
Έμαθα κολύμπι
και πώς λεν το γιαχαμπιμπι.
Πρώτη μου φορά.

Μόνο μια φορά
έκλαψα για σένα πικρά
κι ύστερα κανόνισα
και δεν σου τηλεφώνησα
ούτε μια φορά.
Κι ύστερα κανόνισα
και δεν σου τηλεφώνησα
ούτε μια φορά.

(συνεχίζεται)

Only once

Lyrics / Music: Stamatis Kraounakis

Only once,
(it was) a pity as well as a joy.
Some time (ago) we looked at each other
then fell in love
and afterwards met
one more time.
My first time
in troubled waters.
I learnt how to swim
and how to say I love you.
My first time.

Only once
did I shed bitter tears for you,
then I managed
not to telephone you,
not even once.
Then I managed
not to telephone you,
Not even once.

(following next page)

Μόνο μια φορά,
κρίμα στη χαρά.
Θα 'ρθουνε κι οι φίλοι μου
να μάθουν το ρεζίλι μου.
Μάτωσα τα χείλη μου
άλλη μια φορά.

Μόνο μια φορά
φτάνει, σοβαρά,
η καρδιά του ανθρώπου
να βρεθεί στο επί τόπου
λιώμα, φανερά.

Μόνο μια φορά
έκλαψα για σένα πικρά
κι ύστερα κανόνισα
και δεν σου τηλεφώνησα
ούτε μια φορά.
(Δις)

Only one time,
(it was) a pity as well as a joy.
My friends will come
and learn what a fool I made of myself.
I bit my lips to blood
one more time.

Only once
is enough, seriously,
for one's heart
to find itself suddenly
crushed in public.

Only once
did I shed bitter tears for you,
then I managed
not to phone you,
not even once.
(Repeat)

Ο μέτοικος

Στίχοι: Δημήτρης Χριστόδουλου
Μουσική: Ζωρζ Μουστακί

Σαν σύννεφο απ΄ τον καιρό,
μονάχο μες στον ουρανό,
πήρα παιδί τους δρόμους.

Περπάτησα όλη τη γη
μ' ένα λουλούδι[19] στην καρδιά
και τη βροχή στους ώμους.

Μ'αυτα τα χέρια σα φτερά
που δεν εγνώρισαν χαρά
πάλεψα με τον κύμα.

Κι είχα βαθιά μου μια πληγή,
αγάπη που δε βρήκε γη
χαμένη μες στο κρίμα.

Με πρόσωπο τόσο πικρό
από τον ήλιο τον σκληρό
χάθηκα μες στη νύχτα.

(συνεχίζεται)

---

[19] Λουλούδι *is sometimes replaced by* τραγούδι

The dago

Lyrics: Dimitri Christodoulou.
Music: George Moustaki

Like a season's cloud,
alone in the sky,
I hit the road as a child.

I walked all around the earth
with a flower[20] in my heart
and rain on my shoulders.

With these hands for wings,
that didn't know joy
I fought the waves.

And deep inside me I had a wound,
a love that didn't find land
lost as it was in adversity.

With my face sore
from the harsh sun
I got lost in the night.

(following next page)

---

[20] *Or* with a song (μ'ένα τραγούδι)

Κι ο έρωτας με πήγε 'κει[21]
που 'χα στα χείλη το φιλί
μα συντροφιά δεν είχα.

Με την καρδιά μου μια πληγή
περπάτησα σ' αυτή τη γη
που είχα να τη ζήσω.

Μα μου τα πήρανε μαζί,
το όνειρο και την αυγή,
και φεύγω πριν αρχίσω.

Σαν σύννεφο απ᾿ τον καιρό,
μονάχο μες στον ουρανό,
θα 'ρθω ξανά κοντά σου.

Μέσα σε κείνη τη βροχή
που σ' άφησα κάποιο πρωί
κι έχασα τη ζωή μου.

Θα 'ρθω ξανά απ' τα παλιά
σαν το πουλί απ' το νοτιά
την πόρτα να χτυπήσω.
Θα 'ναι μια άνοιξη πικρή,
που όλα θ' ανοίγουνε στη γη
κι απ' την αρχή θ' αρχίσω.

---

[21] 'κει = εκεί *and below* 'χα = είχα, 'ρθω = έρθω, θ' = θα ...

And love took me there
where I had the kiss on my lips
but I had no company.

With my heart a wound
I walked on this earth
the one where I had to live.

But they took away both
dream and dawn from me
and I leave before beginning.

Like a season's cloud,
alone in the sky,
I'll come back near you.

In that rain
in which I left you one morning
and wasted my life.

I'll come back from the past
like a bird from the south
to knock at the door.
It will be a bitter spring,
everything will reawaken on earth
and I'll start over from the beginning.

Πού 'ναι τα χρόνια

Στίχοι: Άκος Δασκαλόπουλος
Μουσική: Σταύρος Κουγιουμτζής

Πήγα στα μέρη που σε είχα πρωτοδεί
Μικρό κορίτσι ήσουν κι ήμουνα παιδί.

Πού 'ναι τα χρόνια, ωραία χρόνια
που 'χες λουλούδια μες στην καρδιά.
Πού ειν'[22] η αγάπη, γλυκιά μου αγάπη
να μας ζεστάνει στην παγωνιά.

Στ' αρχοντικό σου το σπιτάκι το φτωχό
ήρθα να κλάψω με παράπονο πικρό.

Πού 'ναι τα χρόνια, ωραία χρόνια
που 'χες λουλούδια μες στην καρδιά.
Πού ειν' η αγάπη, γλυκιά μου αγάπη
να μας ζεστάνει στην παγωνιά.

Κλεισμένη η πόρτα και χαμένα τα κλειδιά.
Βρέχει στους δρόμους και στην άδεια μου
                                                     καρδιά.
Πού 'ναι τα χρόνια, ωραία χρόνια,
που 'χες λουλούδια μες στην καρδιά.
Πού ειν' η αγάπη, γλυκιά μου αγάπη
να μας ζεστάνει στην παγωνιά.

---

[22] Πού είν' (= είναι) *is sometimes replaced by* Πού 'ναι…

Where are the years

Lyrics: Akos Daskalopoulos
Music: Stavros Kouyioumtzis

I went to the places where I had first seen you
You were a little girl and I was a child.

Where are the years, lovely years
when you had flowers in your heart.
Where is the love, my sweet love,
to warm us up in the freezing cold.

To your noble poor little house
I came to cry with a bitter complaint.

Where are the years, lovely years
when you had flowers in your heart.
Where is the love, my sweet love,
to warm us up in the freezing cold.

The door is closed and the keys lost.
It is raining in the streets and in my empty
                                    Heart.
Where are the years, lovely years,
when you had flowers in your heart.
Where is the love, my sweet love,
to warm us up in the freezing cold.

Σήκω, χόρεψε συρτάκι [23]

Στίχοι: Αλέκος Σακελλάριος
Μουσική: Γιώργος Ζαμπέτας

Λα, λα ...

Σήκω, χόρεψε συρτάκι με τρελή διπλοπενιά.
Χόρεψέ το σα μορτάκι, να βουίξει η γειτονιά.
Έλα, πιάσε με απ' τον ώμο, κι όπα πρώτα το
δεξί,
Κι αν μου κουραστείς στο δρόμο, θα σε βάλω
σε ταξί.
Λα, λα ...

Θέλω κέφια, θέλω γέλια, κι η φωνή μου ν'
ακουστεί.
Απ' του μπουζουκιού τα τέλια έχω απόψε
κρεμαστεί
Όσα κι αν μου πουν πληρώνω και κεράστε τα
παιδιά.
Θέλω να σε καμαρώνω όλη ετούτη τη βραδιά
Όπα! ...

---

[23] *The song was composed in 1965. The eponymous film came out in 1967.*

Get up, dance the syrtaki

Lyrics: Alekos Sakellarios
Music: George Zabetas

La, la ...
Get up, dance the sirtaki on crazy bouzouki
music[24].
Dance it like a hoodlum, make the
neighbourhood buzz with it.
Come on, take me by the shoulder, first raise
your right leg.
And if you get tired on the way, I'll put you in
a cab
La, la...

I want high spirits, I want laughter and my
voice to be heard.
I'm hanging on the cords of the bouzouki
tonight.
I'll pay what I' m told, serve the guys.
I want to be proud of you all evening.
Come on!...

---

[24] Διπλοπενιά *refers precisely to the first and second notes of
the bouzouki.*

Συννεφιασμένη Κυριακή

Στίχοι: Βασίλης Τσιτσάνης, Αλέκος Γκούβερνης[25]
Μουσική: Βασίλης Τσιτσάνης

Συννεφιασμένη Κυριακή,
μοιάζεις με την καρδιά μου
που έχει πάντα συννεφιά, συννεφιά
Χριστέ και Πα-... Χριστέ και Παναγιά μου.
που έχει πάντα συννεφιά, συννεφιά
Χριστέ και Πα-... Χριστέ και Παναγιά μου.

Είσαι μια μέρα σαν κι αυτή
που 'χάσα τη χαρά μου.
Συννεφιασμένη Κυριακή, Κυριακή
ματώνεις τη... ματώνεις τη καρδιά μου.
Συννεφιασμένη Κυριακή, Κυριακή
ματώνεις τη... ματώνεις τη καρδιά μου.

Όταν σε βλέπω βροχερή,
στιγμή δεν ησυχάζω.
Μαύρη μου κάνεις τη ζώη, τη ζώη
και βαριανα-... και βαριαναστενάζω.
Μαύρη μου κάνεις...

---

[25] *There are grounds for dispute whether the lyrics of this song, the most famous of Tsitsanis's, were actually written by him during the German Occupation as he claims in his biography. Many seem to think that he merely changed a few words in the lyrics written in 1947 by his friend Gouvernis.*

52

Cloudy Sunday

Lyrics: Vasilis Tsitsanis & Alekos Gouvernis
Music: Vasilis Tsitsanis

Cloudy Sunday,
you look like my heart
which is always cloudy, cloudy
Jesus and Ho-… Jesus and Holy Mother,
which is always cloudy, cloudy
Jesus and Ho-… Jesus and Holly Mother.

You are a day like the one
when I lost my joy.
Cloudy Sunday, Sunday
you make my… you make my heart bleed.
Cloudy Sunday, Sunday
you make my… you make my heart bleed.

When I see you rainy,
I can't calm down for a while.
You make my live gloomy
and I sigh… and I sigh deep (in my heart).
You make my live gloomy
and I sigh… and I sigh deep (in my heart).

Φραγκοσυριανή

Στίχοι & Μουσική: Μάρκος Βαμβακάρης[26]

Μια φούντωση, μια φλόγα
έχω μέσα στην καρδιά
λες και μάγια μου 'χεις κάνει,
Φραγκοσυριανή γλυκιά.
Λες και μάγια μου 'χεις κάνει
Φραγκοσυριανή γλυκιά.

Θα 'ρθω να σε ανταμώσω
κάτω στην ακρογιαλιά.
Θα ήθελα να με χορτάσεις
όλο χάδια και φιλιά.
Θα ήθελα να με χορτάσεις
όλο χάδια και φιλιά.

(Συνεχίζεται)

---

[26] *Vamvakaris (1905-1972) - often referred to as "the patriarch of rebetiko" the music of people living on the fringes of society in the twenties - wrote this most famous song of his in the thirties, on his return to his native island which he had fled as a boy to escape the police.*

Frank girl of Syros [27]

Lyrics & Music: Markos Vamvakaris

I have a glow of passion, a flame
in my heart
as if you had cast me a spell,
sweet (Frank) girl of Syros.
As if you had cast me a spell,
sweet (Frank) girl of Syros.

I'll come to meet you again
down by the sea.
I'd like to have my fill
of your caresses and kisses.
I'd like to have my fill
of your caresses and kisses.

(following next page)

---

[27] *The title could also have been translated* Catholic girl of
Syros, *as* Φράγκος (Frank) *refers to Western Europeans in
general and Roman Catholics in particular. Syros, which
was long occupied by the Venetians, still has an important
Catholic community especially in the district of Upper Syros
(Άνω Σύρα) where Vamvakaris himself was born.*

Θα σε πάρω να γυρίσω
Φοίνικα, Παρακοπή,
Γαλησσά και Ντελαγκράτσια
και ας μου 'ρθει συγκοπή.
Γαλησσά και Ντελαγκράτσια
και ας μου 'ρθει συγκοπή.

Στο Πατέλη, στο Νιχώρι,
φίνα στην Αληθινή
και στο Πισκοπιό ρομάντζα,
γλυκιά μου Φραγκοσυριανή.
Και στο Πισκοπιό ρομάντζα
γλυκιά μου Φραγκοσυριανή.

I'll take you around
to Finica, Parakopi, [28]
Galissa and Delagratsia,
even if I have a heart attack.
Galissa and Delagratsia,
even if I have a heart attack.

To Pateli, to Nichori,
for a nice time in Alithini
and a romance in Piscopio,
my sweet girl of Syros.
And a romance in Piscopio,
my sweet girl of Syros.

---

[28] Finica, Parakopi, Galissa, Delagratsia, Pateli, Nichori, Alithini, Piscopio *are places in Syros island.*

Φύσα αεράκι

Στίχοι : Νίκος Γκάτσος
Μουσική: Σταύρος Ξαρχάκος

Γεια σου, χαρά σου Βενετιά,
Παίρνω[29] τους δρόμους του νοτιά
κι απ' το κατάρτι το ψηλό
τον άνεμο παρακαλώ.

Φύσα αεράκι, φύσα με,
Μη χαμηλώνεις ίσαμε
να δω γαλάζια εκκλησιά,
Τσιρίγο και Μονεμβασιά. (Δις)

Γεια σου, χαρά σου Βενετιά,
Βγήκα σε[30] θάλασσα πλατιά
και τραγουδώ στην κουπαστή,
σ' όλο τον κόσμο ν'ακουστει.

Φύσα αεράκι, φύσα με,
Μη χαμηλώνεις ίσαμε
να δω στην Κρήτη μια κορφή
που 'χω μανούλα κ' αδελφή. (Δις)

---

[29] Πήρα *may be heard instead of* παίρνω. *The first and third stanzas are also sometimes inverted.*
[30] *Sometimes replaced by* παίρνω μια.

Blow gentle wind

Lyrics: Nikos Gatsos
Music: Stavros Xarcharos

Farewell Venice,
I'm heading south
and from the high mast
I implore the wind.

Blow gentle wind, blow over me
Don't abate until
I see a blew church,
Cythera and Monemvasia.[31] (Repeat)

Farewell Venice
I've sailed to high seas,
singing over the handrail
to be heard all over the world.

Blow gentle wind, blow over me
Don't abate until
I see a mountain top in Crete
where I have mother and sister. (Repeat)

---

[31] *Two islands off the south coast of Peloponese.*
Monemvasia *is an islet connected to the mainland and*
Τσιρίγο (Cerigo) *is another name for* Κύθηρα (Cythera)